Fafounet

à la cabane à sucre

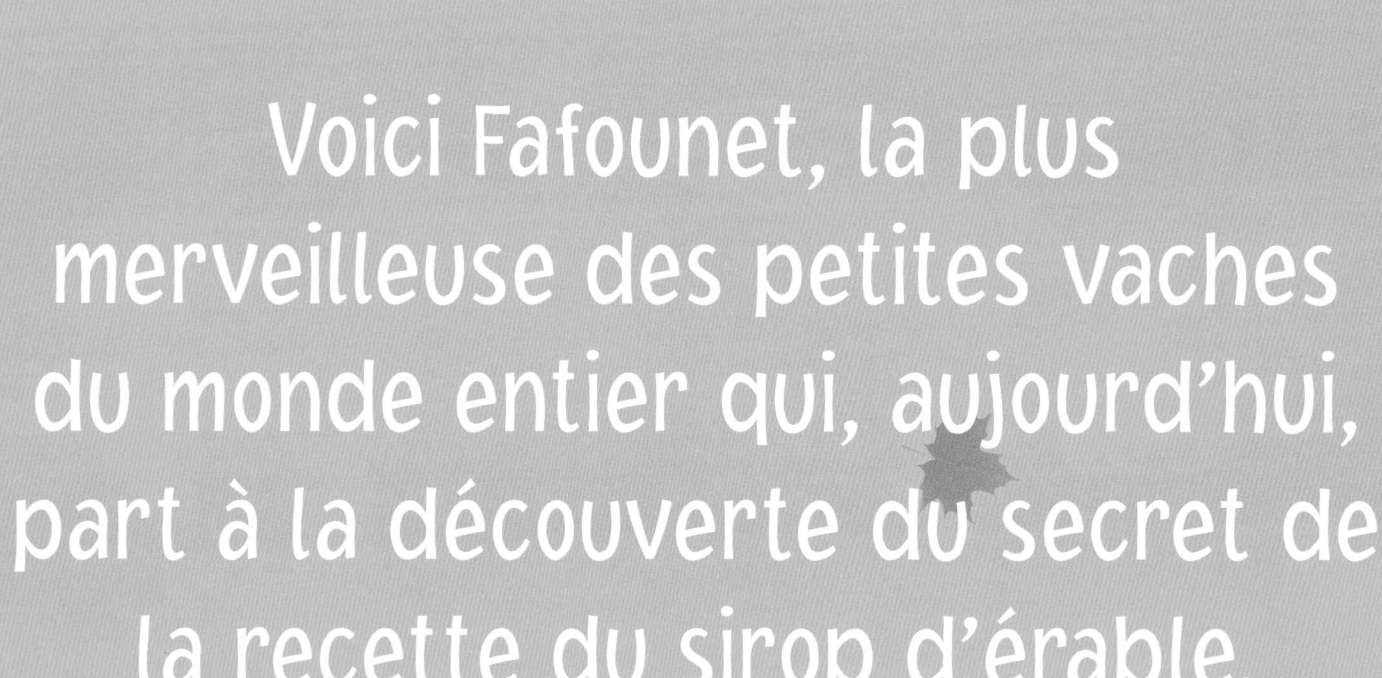

Voici Fafounet, la plus merveilleuse des petites vaches du monde entier qui, aujourd'hui, part à la découverte du secret de la recette du sirop d'érable.

#1

Les yeux rivés à la fenêtre de l'autobus qui le transporte vers la cabane à sucre, le voici tout émerveillé, assis entre son ami Fafoundé et son amoureuse Capucine. Son cœur palpite et ses papilles gustatives le titillent à l'idée de goûter au délicieux sirop d'érable.

ÉCOLE MEU-MEU

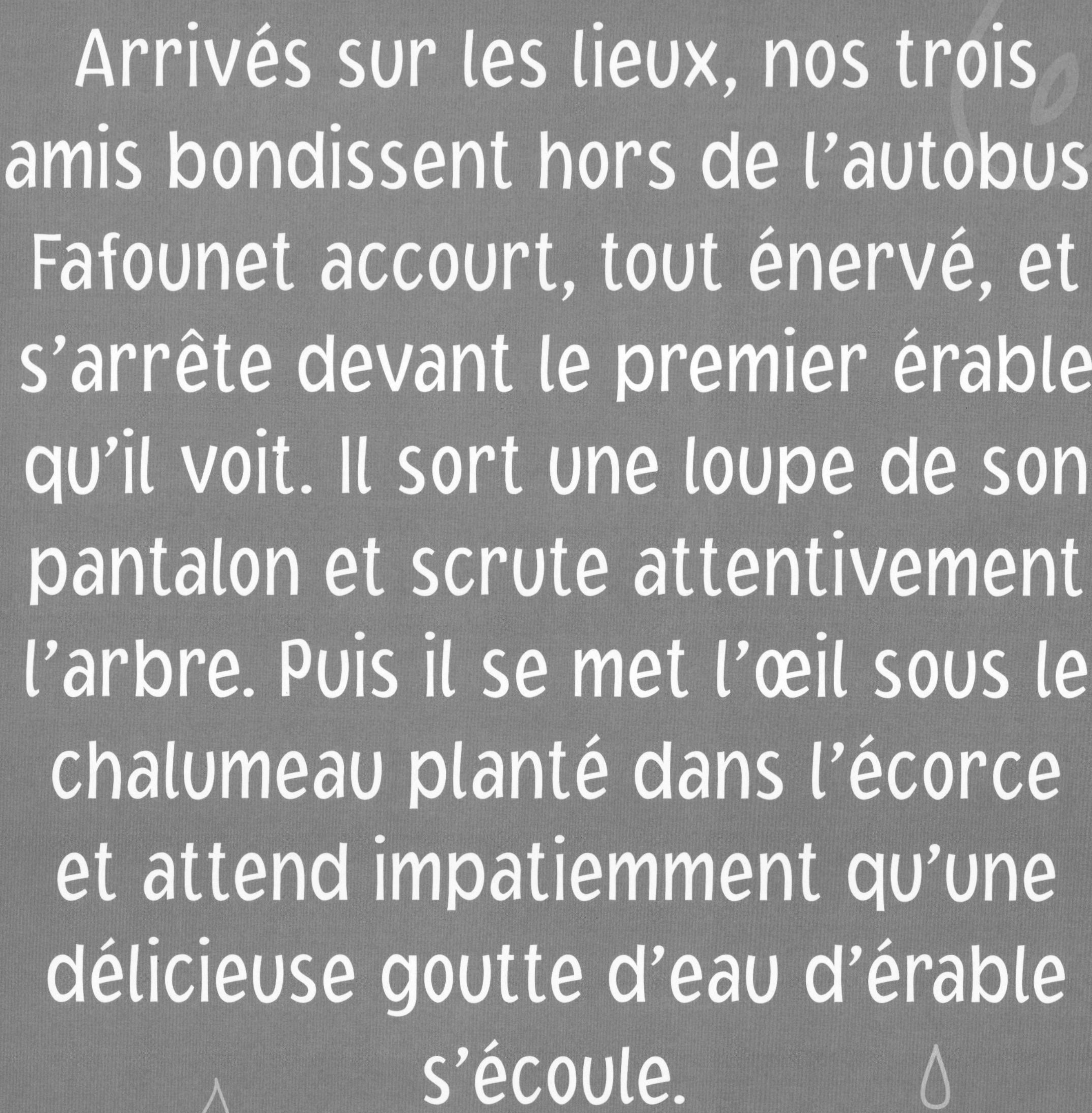

Arrivés sur les lieux, nos trois amis bondissent hors de l'autobus. Fafounet accourt, tout énervé, et s'arrête devant le premier érable qu'il voit. Il sort une loupe de son pantalon et scrute attentivement l'arbre. Puis il se met l'œil sous le chalumeau planté dans l'écorce et attend impatiemment qu'une délicieuse goutte d'eau d'érable s'écoule.

Ce n'est qu'après avoir compté les 100 moutons que notre héros aperçoit finalement **LA** goutte tant attendue. Elle s'écoule **l-e-n-t-e-m-e-n-t**, s'étire **d-o-u-c-e-m-e-n-t**, pour finalement tomber dans l'œil attentif et grand ouvert de Fafounet !

« **Ouille, ouille, ouille ! Mon œil !** » s'écrit Fafounet, qui sautille et virevolte en direction d'un gros baril. Les yeux fermés, il s'enfarge dans une branche couchée sur la neige, puis tombe le museau le premier dans l'énorme récipient qui a servi à faire bouillir l'eau d'érable pour la transformer en sirop.

#1

« **Fafounet, j’arrive !** »
s’écrit Capucine, affolée. Elle court
à toute vitesse vers son ami,
l’attrape par les bottines et le tire
de toutes ses forces.

Comme un ressort, Fafounet bondit hors du baril, tout enduit de sirop d'érable. Puis il tombe sur la neige et roule à toute vitesse jusqu'en bas de la colline.

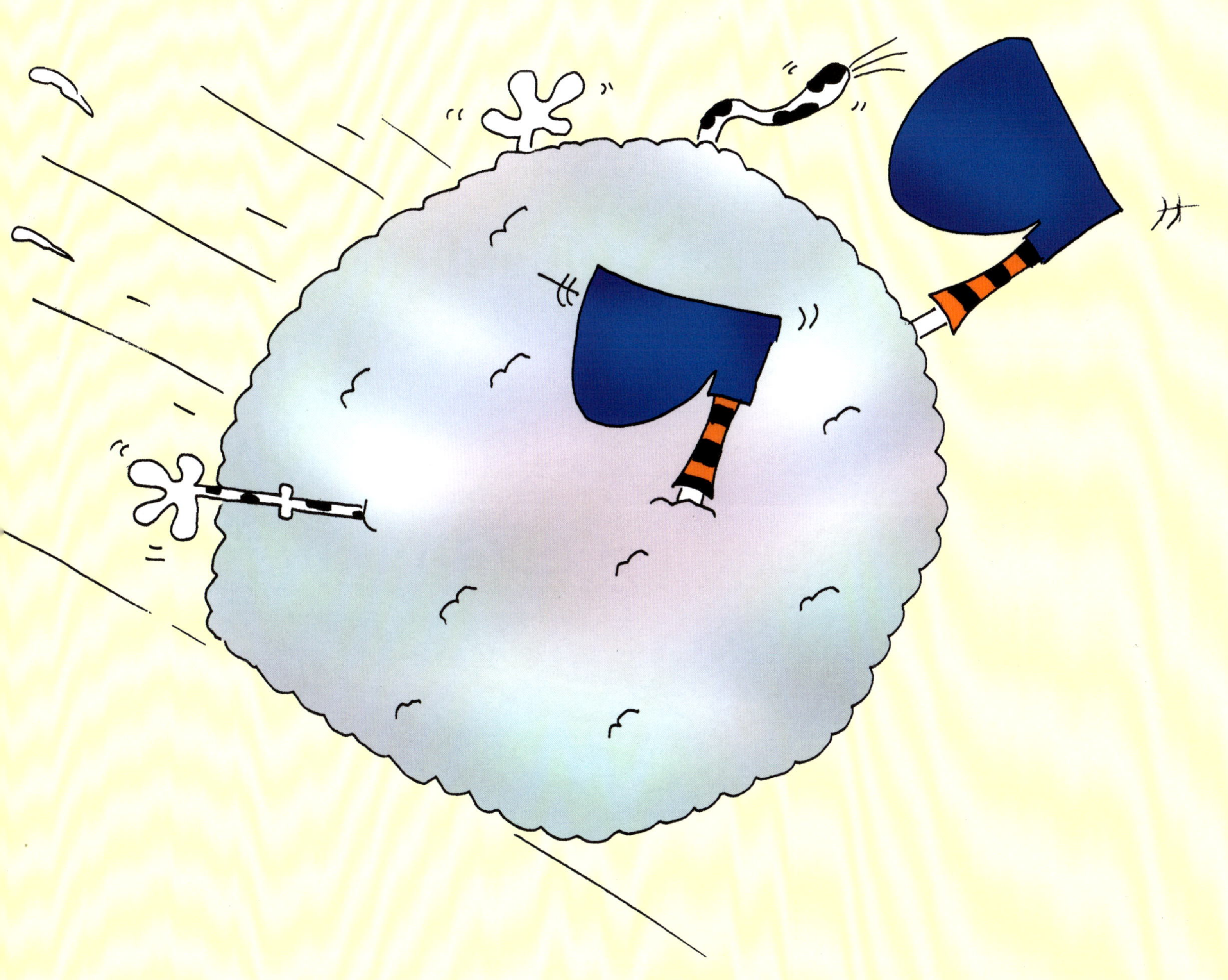

Pendant ce temps, Fafoundé remonte la pente en tirant son traîneau. Il est soudainement attiré par les arômes parfumés de la tire d'érable qui chatouillent ses narines. Il cherche avec appétit d'où vient ce doux parfum et aperçoit au loin un **ÉNORME** bâton de tire d'érable qui roule sur la neige blanche.

Il accourt pour y déposer sa langue et suçoter délicieusement cette sucrerie couche par couche.

Tout à coup, il sent une odeur de narines de nez de vache.
« **Aaaaaark !** s'écrit Fafoundé.
– Mais tu es en train de m'embrasser et de me lécher les narines ! » riposte Fafounet.

AAAARK!

Sous les fous rires de Capucine, nos deux amis s'empressent d'aller laver leur museau dans la neige.

C'est depuis ce temps que Fafounet prend ses précautions avant d'aller à la cabane à sucre. Il se peinture le museau de rouge et de blanc pour interdire les bisous sucrés non autorisés !

ARRÊT
1

#1 • Trouve les 8 différences

›››› Retrouve la solution à la fin du livre ‹‹‹‹

#2 • Trouve les 7 bâtons de tire d'érable de Fafounet

Réponses #1

Les 8 différences :

1- Le pompon de la tuque
2- Les taches sur le bras de Fafoundé
3- La bouche de Fafoundé
4-5 Les deux bas de Fafounet
6- La queue de Fafoundé
7- Le traîneau
8- La tache près de l'œil

Réponses #2

Les 7 bâtonnets de tire d'érable :

1- Sous la marmite
2- Sous la pile de boîtes à gauche
3- À côté de la grosse boîte renversée
4- En avant du pied droit de Fafounet
6- Sous le foyer à droite
7- Sur le tapis roulant à droite

Fafounet

De la même collection, découvrez aussi :

Fafounet visite chez le dentiste

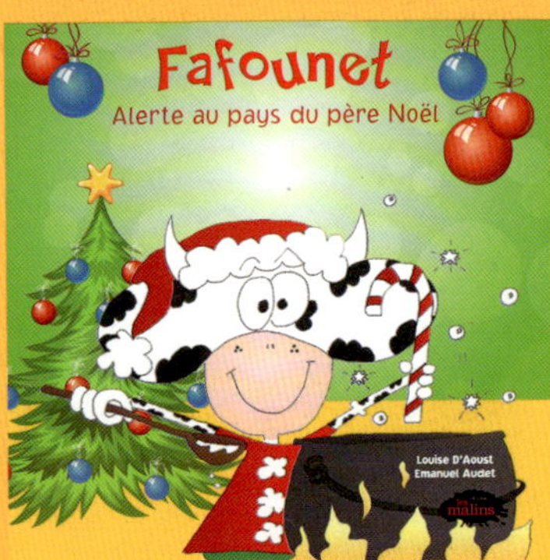

Fafounet alerte au pays du père Noël

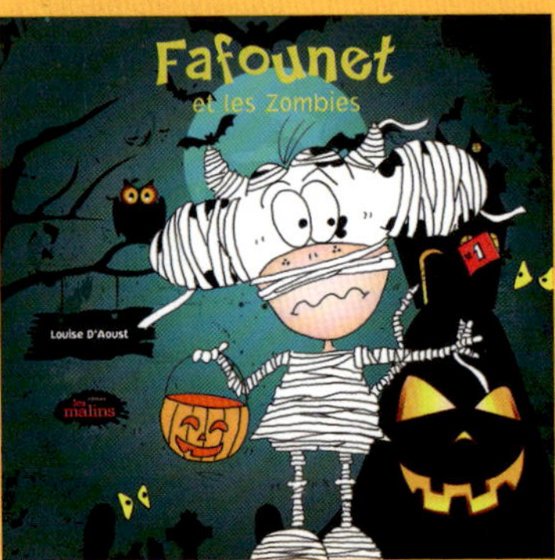

Fafounet et les zombies

Fafounet joue au hockey

Fafounet va à l'école

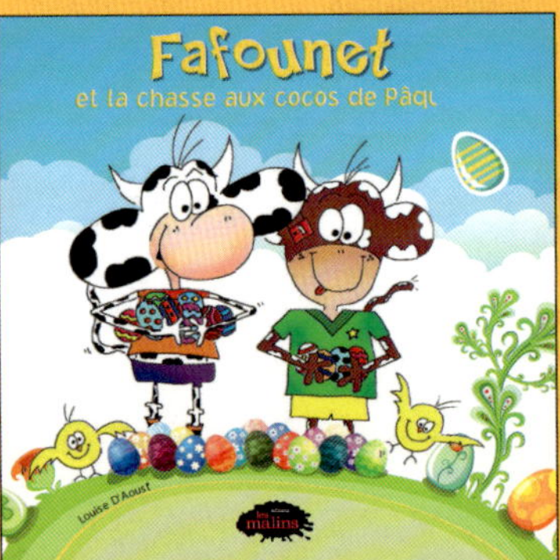

Fafounet et la chasse aux cocos de Pâques

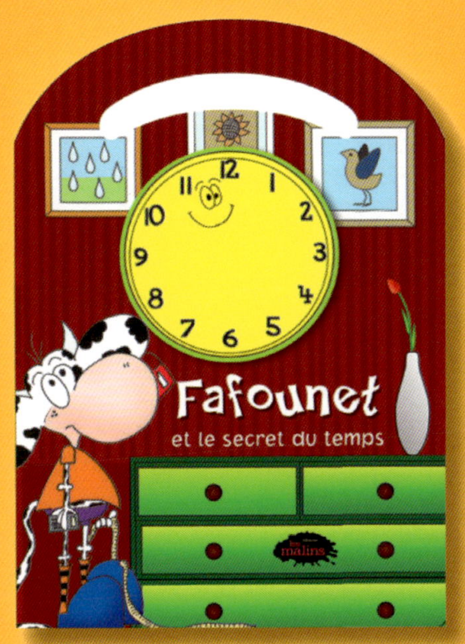

Fafounet et le secret du temps

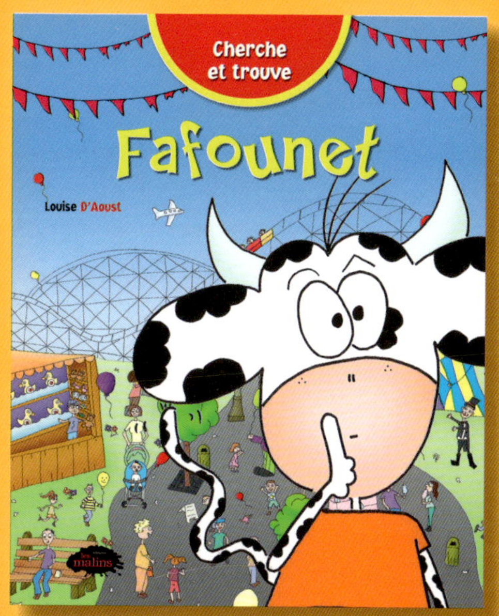

Fafounet cherche et trouve

Fafounet s'amuse

Fafounet
une année bien remplie

Gouvernement du Québec – Programme de crédit d'impôt
pour l'édition de livres – Gestion Sodec

info@lesmalins.ca

Éditeur : Marc-André Audet
Texte et illustrations : Louise D'Aoust et Emanuel Audet
Correction/révison : Diane Gionet, Pierre-Yves Villeneuve, Chantale Genet
Conception graphique et montage : Shirley de Susini
Coloration : Claude Dupras

Dépôt légal – Bibliothèque et Archives nationales du Québec, 2014
Dépôt légal – Bibliothèque et Archives Canada, 2014
Imprimé au Canada.

ISBN: 978-2-89657-258-8

Nous reconnaissons l'aide financière du gouvernement du Canada
par l'entremise du Fonds du livre du Canada pour nos activités d'édition.

Les éditions les Malins inc.
Montréal, Québec